BEI GRIN MACHT SICH IHR WISSEN BEZAHLT

- Wir veröffentlichen Ihre Hausarbeit, Bachelor- und Masterarbeit

- Ihr eigenes eBook und Buch - weltweit in allen wichtigen Shops

- Verdienen Sie an jedem Verkauf

Jetzt bei www.GRIN.com hochladen und kostenlos publizieren

Bibliografische Information der Deutschen Nationalbibliothek:

Die Deutsche Bibliothek verzeichnet diese Publikation in der Deutschen Nationalbibliografie; detaillierte bibliografische Daten sind im Internet über http://dnb.d-nb.de/ abrufbar.

Dieses Werk sowie alle darin enthaltenen einzelnen Beiträge und Abbildungen sind urheberrechtlich geschützt. Jede Verwertung, die nicht ausdrücklich vom Urheberrechtsschutz zugelassen ist, bedarf der vorherigen Zustimmung des Verlages. Das gilt insbesondere für Vervielfältigungen, Bearbeitungen, Übersetzungen, Mikroverfilmungen, Auswertungen durch Datenbanken und für die Einspeicherung und Verarbeitung in elektronische Systeme. Alle Rechte, auch die des auszugsweisen Nachdrucks, der fotomechanischen Wiedergabe (einschließlich Mikrokopie) sowie der Auswertung durch Datenbanken oder ähnliche Einrichtungen, vorbehalten.

Impressum:

Copyright © 2015 GRIN Verlag, Open Publishing GmbH
Druck und Bindung: Books on Demand GmbH, Norderstedt Germany
ISBN: 9783668555082

Dieses Buch bei GRIN:

http://www.grin.com/de/e-book/378339/aeusseres-erscheinungsbild-von-polizeibeamten-persoenlichkeitsentfaltung

Malte König

Äußeres Erscheinungsbild von Polizeibeamten. Persönlichkeitsentfaltung und Regulierungen durch den Dienstherrn

GRIN Verlag

GRIN - Your knowledge has value

Der GRIN Verlag publiziert seit 1998 wissenschaftliche Arbeiten von Studenten, Hochschullehrern und anderen Akademikern als eBook und gedrucktes Buch. Die Verlagswebsite www.grin.com ist die ideale Plattform zur Veröffentlichung von Hausarbeiten, Abschlussarbeiten, wissenschaftlichen Aufsätzen, Dissertationen und Fachbüchern.

Besuchen Sie uns im Internet:

http://www.grin.com/

http://www.facebook.com/grincom

http://www.twitter.com/grin_com

Fachhochschule für öffentliche Verwaltung NRW

Abteilung Köln

Studienabschnitt Grundstudium (GS1)

Fachbereich PVD

Fach bzw. Modul: Öffentliches Dienstrecht

Reaktionsmöglichkeiten des Dienstherrn auf äußerliche Modeerscheinungen bezüglich der Persönlichkeitsentfaltung

Malte König

Inhaltsverzeichnis

1 Einleitung 2
2 Hauptteil 3
   2.1 Generelle Erscheinung eines Polizeivollzugsbeamten 3
      2.1.1 Die Uniform 3
      2.1.2 Das individuelle Äußere 4
   2.2 Juristische Grundlagen 5
      2.2.1 Freie Entfaltung der Persönlichkeit gemäß Artikel 2 Absatz 1 Grundgesetz 5
      2.2.2 Gleichheitsgebot gemäß Artikel 3 Absatz 2 Grundgesetz 6
      2.2.3 Gehorsamspflicht gemäß § 35 Beamtenstatusgesetz 7
   2.3 Anordnungen und daraus resultierende Rechtsprechung zum Erscheinungsbild eines Polizeibeamten 8
      2.3.1 Anordnung, die Haare in Hemdkragenlänge zu tragen (Polizeivollzugsbeamter - Rheinland-Pfalz) 8
      2.3.2 Verbot von Ohrschmuck für männliche Polizeibeamte (Bundespolizei) 9
      2.3.3 Landeseinheitliche Vorgaben zur Bewertung von Körperschmuck 11
3 Fazit 12
4 Quellenverzeichnis 13
5 Rechtsprechungsverzeichnis 14

1 Einleitung

Die Jugend bildet durch die Jahre hinweg einen starken Gegenpol zur Realität. Angesichts dieser antisystematischen Einstellung wurden Körpermodifikationen vollzogen, wozu unter anderem Tattoos, Ohrringe sowie jegliche Art von Körperpiercings gehören. Diese Neuorientierung macht auch vor den öffentlichen Institutionen wie der Polizei keinen Stopp.

Nicht nur bei jüngeren Beamten des Polizeivollzugsdienstes wird dies beobachtet, sondern auch bei älteren Beamtinnen und Beamten. Allerdings wird in dem Berufszweig der Polizei viel Wert auf die äußerliche Wahrnehmung und das Erscheinungsbild jedes einzelnen Beamten gelegt. Hier treffen zwei große Denkweisen aufeinander, einerseits die Ansicht des Dienstherren des einwandfrei gekleideten uniformierten Beamten und andererseits die Ansichten der Beamten, die sich auf ihr Recht auf freie Entfaltung der Persönlichkeit aus Artikel 2 Absatz 1 Grundgesetz berufen.

Nichts desto trotz ist es dem Dienstherrn von großer Bedeutung, die äußerliche Erscheinung so zu variieren, damit ein Beamter seinen Pflichten und Erwartungen gerecht werden kann. Hierzu gibt es eine Vielzahl an Erlassen, welche vom Dienstherrn beschlossen wurden, um das Auftreten in der Öffentlichkeit zu regeln. Hinter solchen Weisungen verbirgt sich eine nicht geahnte Konfliktquelle, die durch die Entwicklung der gesellschaftlichen Normen auf mehr Widerstand stößt als erwartet. Inzwischen existieren zahlreiche Beschlüsse, sowohl auf regionaler Ebene, aber auch auf Bundesebene bis hin zum Bundeverfassungsgericht. Aufgrund dieser heiklen Situation, stehen die dienstlichen Weisungen häufig im Konflikt mit den Grundgesetzen. Letzten Endes existiert also keine klare, feste Definition der äußerlichen Wahrnehmung eines Beamten bei seiner Dienstausführung.

Ziel dieser Arbeit wird es sein, die bisherigen Reaktionen des Dienstherrn exemplarisch vorzuführen und anhand von Gerichtsurteilen ihre Effizienz zu überprüfen.

Diese Hausarbeit wird sich nicht umfassend mit der generellen Erscheinung eines Polizeibeamten beschäftigen, sondern sich lediglich auf die Reaktionen des Dienstherrn auf äußerliche Modeerscheinungen beschränken.

2 Hauptteil

2.1 Generelle Erscheinung eines Polizeivollzugsbeamten

Das hauptsächliche Abbild eines Polizeivollzugsbeamten wird durch seine Uniform, dem eigenem Aussehen und auch durch sein Verhalten in der Gesellschaft geformt.

2.1.1 Die Uniform

Das Wort Uniform hat seine Herkunft aus dem latein-französischen Begriff „uniformity" und bedeutet so viel wie Einheitlichkeit oder Gleichförmigkeit. Sie ist ein Kleidungsstück, welches von Form, Farbe und Material einheitlich gestaltet ist und für bestimmte Tätigkeitsbereiche oder Gruppen Vorschrift ist. Die Uniform versinnbildlicht die Funktion ihres Trägers und kennzeichnet dessen Zugehörigkeit zu einem Verband und zu einer Organisation, sie dient gleichwohl auch als Tarnung streitender Einheiten. Durch das Tragen verkörpert die Person seinen Beruf oder seine Aufgabe. Des Weiteren soll sein Amt als Funktionsträger speziell hervorgehoben werden. Uniformen sind entweder im öffentlichen Dienst vorgeschrieben oder gebräuchlich, wie zum Beispiel bei der Bundeswehr, der Landespolizei Nordrhein-Westfahlen[1] oder Fluggesellschaften.

Die Mutter der heutigen Polizeidienstkleidung wurde im Jahre 1976[2] bundesweit einheitlich eingeführt. Dies geschah um den Bürger vor einer Verwirrung durch verschiedene Arten der Erscheinungsmöglichkeiten der Län-

---

[1] Dienstkleidungsordnung der Polizei des Landes NRW. RdErl. d. Ministeriums für Inneres und Kommunales - 405 / 401 - 63.01.01. v. 21.1.2014. Ziffer 1.3

[2] http://www.polizeiuniform.de/html/vorwort.html, aufgerufen am 24.03.2015.

derpolizei zu schützen, zugleich auch den Staat durch seine Beamten angemessen und einheitlich zu vertreten. Außerdem „sollte der einzelne Amtsträger in seiner ihm eigenen Individualität zurücktreten, so dass für den von der Amtshandlung betroffenen Bürger staatliches Handeln gleichförmig und ohne Ansehen der persönlichen Neigungen des Amtsträgers erscheine."[3]

Wie bereits dargelegt, soll eine Polizeiuniform eine einheitliche Darstellung bezwecken, da der Träger sich durch diese gegenüber dem Staatsbürger als Polizeivollzugsbeamter sowie als Angehöriger der Staatsgewalt ausweist. Darüber hinaus vermittelt die Dienstkleidung bei Außenstehenden einen ersten Eindruck, welcher auschlaggebend sein kann, für dessen weiteres Verhalten gegenüber dem Polizeibeamten ist.

2.1.2 Das individuelle Äußere

Das individuelle äußere Erscheinungsbild, unabhängig von der Uniform, gehört zur Körpersprache eines Polizeibeamten und stellt einen Teilbereich der nonverbalen Kommunikation dar.[4] Darunter gehören sämtliche Ausdrucksmöglichkeiten wie Kleidung, Körperbau, Frisur und Barttracht, persönliche Accessoires, verschiedene Arten von Schmuck sowie Tätowierungen.[5]

Modeerscheinung, angefangen von Kurzhaar-Frisuren bis hin zum sogenannten „Lagerfeldzopf", Körperpiercings sowie Tätowierungen sind schon längst gesellschaftsfähig geworden.[6] Solcherlei Lockerungen im individuellen Äußeren stoßen häufig mit den Vorstellungen und dem Zweckdenken

---

[3] Deutsche Polizei, Nr. 2, 2002, S.15

[4] http://www.rp-online.de/leben/beruf/was-ihre-aeussere-erscheinung-ueber-ihre-persoenlickeit-aussagt-aid-1.2419870 . aufgerufen am 25.03.2015

[5] B. M. de Paulo. Nonverbal behavior and self-presentation. Psychological Bulletin. 111. S. 203–243.

[6] http://www.planet-wissen.de/alltag_gesundheit/mode/taetowierungen/ . aufgerufen am 25.03.2015

des Dienstherren zusammen, der konventionell als wenig liberal in der Toleranz von Modeerscheinungen im Outfit der Amtsträger gilt.

Daraufhin stellt sich die Frage, inwieweit es dienstliche Grenzen und Verbotsmaßstäbe gibt, welche das Tragen persönlicher Accessoires sowie andere individuellen Umgestaltungen der äußeren Erscheinung von Polizeibeamten regelt, aufgrund ihrer Repräsentations- und Neutralitätspflichten.

Andernfalls könnte es gemäß Artikel 2 Absatz 1 Grundgesetz jedoch sein, dass der Dienstherr einschränkungslos jede Individualität des Einzelnen dulden muss.

2.2 Juristische Grundlagen

Das im Rahmen der verfassungsrechtlichen Ordnung garantierte Grundgesetz der freien Entfaltung der Persönlichkeit aus Artikel 2 Grundgesetz, sowie in Verbindung mit dem Gleichheitsgebot aus Artikel 3 Grundgesetz stehen den beamtenrechtlichen Regelungen oftmals gegenüber.

2.2.1 Freie Entfaltung der Persönlichkeit gemäß Artikel 2 Absatz 1 Grundgesetz

Gemäß Artikel 2 Absatz 1 Grundgesetz wird die freie Entfaltung der Persönlichkeit, welches die humanistische Weltanschauung als das höchste Ziel des menschlichen Lebens ansieht, geschützt.[7] Jeder hat das Recht, sein äußerliches Erscheinungsbild nach eigener Ansicht selbstverantwortlich zu formen, soweit nicht die Rechte eines anderen verletzt werden und es nicht gegen die verfassungsmäßige Ordnung verstößt.

---

[7] vgl. Erich Fromm. 2001. Haben oder Sein. S. 163

Des Weiteren umfasst der Artikel auch die Eigenverantwortlich über die Gestaltung der äußeren Erscheinung im Dienst.[8] Zusammenfassend ist also davon auszugehen, dass auch das Tragen von individuellem Schmuck oder jede andere Entfaltung der Persönlichkeit innerhalb des Artikel 2 Absatz 1 Grundgesetz fällt.

Artikel 19 des Grundgesetzes dient vor allem dem Schutz der Grundrechte und sagt aus, dass kein Grundrecht in seinem Kernbereich angetastet werden darf.[9] Grundsätzlich gelten somit alle in der Verfassung verankerten Grundrechte auch für Beamte.

Nebenbei zu bemerken ist, dass Beamte am Tag ihrer Ernennung in das Beamtenverhältnis treten und somit auf einen Teil ihrer freien Entfaltung der Persönlichkeit aus freien Stücken verzichten. Das Tragen der Dienstkleidung begrenzt den Beamten in seinem Grundrecht auf freie Entfaltung seiner Persönlichkeit so weit, dass er in seiner freien Wahl der Kleidung eingeschränkt wird. Inwiefern das Tragen von persönlichen Accessoires als Eingriff in das Grundrecht ist, wird in den folgenden Punkten genauer dargelegt.

2.2.2 Gleichheitsgebot gemäß Artikel 3 Absatz 2 Grundgesetz

Artikel 3 Absatz 2 Grundgesetz enthält ein Differenzierungsverbot, welches sich auf unterschiedliche Eigenschaften von Mann und Frau bezieht. Es besteht keine Notwendigkeit Männer und Frauen in allen Hinsichten gleich zu behandeln, wenn bedeutende Differenzen in den zu regelnden Lebenssachverhalten bestehen. Es ist auch unbedenklich, dass für Frauen, die im Sanitätsdienst der Bundeswehr tätig sind, eine großzügigere Regelung in Bezug

---

[8] BVerfG. Kammerbeschluss vom 10. Januar 1999 – 2 BvR 550/90 –. Juris.

[9] vgl. Dieter Hesselberger. 1996. Das Grundgesetz Kommentar für politische Bildung. S. 163. Rn. 1. 10. Auflage. Bundeszentrale für politische Bildung

auf die Haartracht gilt als für männliche Kollegen.[10] Das Gesetz verbietet bloß eine ausschließlich geschlechtsspezifische Ungleichbehandlung. Laut Anschauung des Bundesverfassungsgerichtes ist beispielsweise die anderweitige Behandlung von Mann und Frau beim Tragen von Ohrschmuck nicht zu beanstanden.[11]

2.2.3 Gehorsamspflicht gemäß § 35 Beamtenstatusgesetz

Der § 35 des Beamtenstatusgesetzes gilt für alle Beamten, sofern sie Vorgesetzte haben und zwar unabhängig von der Art des Beamtenverhältnisses.

Die Vorschrift enthält inhaltlich die Weisungsgebundenheit in Satz 2, welche klarstellt, dass Beamte auf Anordnung ihrer Vorgesetzten Folge zu leisten haben, sofern diese den Dienst, die Dienstausübung und das Dienstverhältnis betreffen.[12] Dienstliche Anordnungen sind Befehle und Weisungen des örtlich und sachlich zuständigen Vorgesetzten des Beamten. Darunter fallen unter anderem Erlasse, Dienstvorschriften, Dienstweisungen, Verwaltungsvorschriften und Durchführungsbestimmungen. Diese verpflichten den Beamten rechtlich zu einem Handeln oder dieses zu unterlassen, selbst wenn dieses rechtswidrig ist. Soweit der Beamte im Vorfeld remonstriert und die ihm aufgetragenen Aufgaben nicht die Würde des Menschen verletzen, strafbar oder ordnungswidrig sind und die Strafbarkeit oder Ordnungswidrigkeit für die Beamtinnen oder Beamten erkennbar ist. Voraussetzung ist jedoch, dass die Beamten eine verständliche und definitive Anordnung von ihrem Vorgesetzten erhalten.[13]

---

[10] vgl. Dieter Hesselberger. a.a.O. S. 163. Rn. 6

[11] vgl. Dieter Hesselberger. a.a.O. S. 82. Rn. 6

[12] vgl. Metzler-Müller, Rieger, Seeck & Zentrgraf. 2012. Beamtenstatusgesetz Kommentar. S. 322. 2. Auflage. Kommunal- und Schul-Verlag

[13] BVerwG. Urteil vom 13. Dezember 2000 – 1 D 34/98 –. Juris. Orientierungssatz Nr. 1

2.3 Anordnungen und daraus resultierende Rechtsprechung zum Erscheinungsbild eines Polizeibeamten

In den folgenden Punkten werden Anordnungen und Weisungen des Dienstherrn im Konflikt mit der Entfaltung der Persönlichkeit von Beamten erörtert. Hierbei handelt es sich jedoch nicht ausschließlich um Polizeivollzugsbeamte des Landes Nordrhein-Westfalen, dennoch kann man sagen, dass die Entscheidungen nahezu auf jeglichen uniformierten Beamten übertragbar sind.

2.3.1 Anordnung, die Haare in Hemdkragenlänge zu tragen (Polizeivollzugsbeamter - Rheinland-Pfalz)

Das Innenministerium des Landes Rheinland-Pfalz erließ am 26. Mai 2003 ein Rundschreiben, in dem das Erscheinungsbild von Polizeibeamten bezüglich ihrer Haar- und Barttracht geregelt wurde. Dieses beinhaltet unter anderem, wie Haar- und Barttracht bezogen auf Auffälligkeiten zu tragen sind. Insbesonders solche, die in Form, Länge, Gestaltung oder Farbgebung als Ausdruck einer ausgeprägten individualistischen Haltung oder Einstellung seien. Des Weiteren wurde darin festgelegt, dass ein Polizeivollzugsbeamter die Haare so tragen müsse, dass sie keine erhöhten Angriffsmöglichkeiten bieten.[14]

Da die Polizei wie ein Dienstleistungsunternehmen strukturiert ist, wie zum Beispiel eine Fluggesellschaft oder Bank, ist ein gepflegtes Äußeres ein grundlegendes Mittel, um dem Bürger möglichst positiv zu begegnen. Bei uniformierten Polizeibeamten sei, laut Rundschreiben, eine deutlich über den Hemdkragen reichende Haarlänge mit diesen Grundsätzen nicht vereinbar.

---

[14] BVerwG. Urteil vom 02. März 2006 - 2 C 3.05. Rn. 3

Einem im Schichtdienst eingesetzter Polizeivollzugsbeamter aus Rheinland-Pfalz wendete sich Ende 2003 gegen die Anordnung, seine Haare in Hemdkragenlänge zu tragen. Der Beamte trug bis dato seine Haare im Dienst in Form eines Pferdeschwanzes, der ungefähr 15 cm über den Hemdkragen reichte. Das für ihn zuständige Polizeipräsidium berief sich auf das Rundschreiben, welches am 26. Mai 2003 durch das Innenministerium erlassen wurde. In dem besagten Rundschreiben es heißt, dass eine über den Hemdkragen hinaus reichende Haarlänge mit dem Erscheinungsbild von Uniformierten Polizeibeamten nicht vereinbar sei.

Das Bundesverwaltungsgericht beschäftigte sich am 2. März 2006 mit der Klage des Polizeivollzugsbeamten, dass durch das Rundschreiben über das für den Dienst bestimmte Erscheinungsbild widmete, da es sich auf sein Privatleben auswirke. Die Richter gaben ihm insoweit Recht, dass die Anordnung sich die Haare zu kürzen, weder aus Gründen der Eigensicherung zulässig sei, noch dass eine Haarlänge über den Hemdkragen bei männlichen Polizeibeamten die Repräsentation des Staates durch diese gefährde.[15]

2.3.2 Verbot von Ohrschmuck für männliche Polizeibeamte (Bundespolizei)

Seit dem Jahr 2006 gilt aufgrund eines Erlasses vom 12. Mai 2006 zum Erscheinungsbild der Polizeivollzugskräfte der Bundespolizei eine Reglung, auf welcher Art und Wise Schmuck während des Dienstes getragen werden darf. Grundsätzlich dürfen Bundespolizeibeamtinnen und -beamte in Dienstkleidung keinen sichtbaren Körperschmuck tragen. Gegen das Tragen von Finger- und Halsschmuck ist nichts einzuwenden, wenn dieser dezent und unauffällig wirkt und nicht zu einer erhöhten Eigen- oder Fremdverletzungsgefahr führt. Sichtbare Piercings, auch Mundpiercings, sind mit dem Erscheinungsbild von Polizeibeamtinnen und -beamten nicht vereinbar und

---

[15] BVerwG. Urteil vom 02. März 2006 - 2 C 3.05. Rn. 30 u. 33

daher nicht zulässig. Grundsätzlich unbedenklich sind für Bundespolizeibeamtinnen das Tragen eines kleineren, maximal 5 mm großen Ohrsteckers beziehungsweise eines maximal 10 mm großen Ohrring je Ohr.[16] Die Angehörigen der Bundespolizei müssen sich im Klarem darüber sein, dass in diesem Rahmen über eine Eigengefährdung durch das Tragen von Schmuck in der persönlichen Verantwortung liegt.[17]

Gegen Ende 2010 wendete sich ein Polizeivollzugsbeamter der Bundespolizei gegen das im Dienst geltende Verbot von Ohrschmuck für männliche Bundespolizeibeamte. Ursprünglich war jedem Beamten, gleich ob männlich oder weiblich, des Bundesgrenzschutzes beziehungsweise später der Bundespolizei untersagt, Schmuck zu tragen. Dies geht aus einer Anordnung des Bundesministeriums aus dem Jahre 1983 hervor. Der Auffassung des Klägers nach verstoße das Verbot für männliche Beamte gegen die allgemeine Handlungsfreiheit gemäß Artikel 2 Absatz 1 Grundgesetz. Es sei jedenfalls nicht wegen besonderer Verletzungsgefahren gerechtfertigt, da weibliche Kolleginnen Ohrschmuck tragen dürfen. Außerdem sei in der Bevölkerung inzwischen akzeptiert worden, dass auch Männer Ohrschmuck tragen.[18] Dem Kläger wurde im September 2012 Recht in soweit zugesprochen, dass das zu dieser Zeit geltende Verbot für männliche Bundepolizisten, im Dienst keinen Ohrschmuck zu tragen, mangels substantiierter und sich stimmiger Annahme nicht plausibel mit den Anschauungen der Bevölkerung begründet ist.[19]

---

[16] VG Hamburg. Urteil vom 26. September. 2012 – 20 K 3364/10 –. Juris. Rn. 1 bis 14
[17] Erscheinungsbild der Polizeivollzugskräfte der Bundespolizei Az. B II 1 – 652 100/120. 12. Mai 2006
[18] VG Hamburg. a.a.O. Rn. 24
[19] VG Hamburg. a.a.O. Leitsatz 2. Rn. 38

2.3.3 Landeseinheitliche Vorgaben zur Bewertung von Körperschmuck

Am 29. Mai 2013 erließ das Ministerium für Inneres und Kommunales Nordrhein-Westfalen Landeseinheitliche Vorgaben zur Bewertung von Körperschmuck, welche angewandt werden, um jegliche nicht medizinische Körpermodifikation von Bewerberinnen und Bewerber für den Polizeivollzugsdienst zu bewerten.

In den Vorgaben ist beschrieben, dass Körperschmuck als Zeichen der Individualität weiterhin grundsätzlich nicht erwünscht ist. Unter Körperschmuck ist laut des Erlasses jede nicht medizinische Körpermodifikation zu verstehen, welche üblicherweise permanent den Körper verändert. Darunter fallen zum Beispiel Tätowierungen, Piercings, Skarifikationen, Implantate oder das Spalten der Zunge und Vergleichbares.[20] Unterschieden wird in diesem Erlass zwischen dem sichtbaren und dem unsichtbaren Bereich des Köpers, für den als Maßstab die Sommeruniform gilt.

Eines der aktuellsten Urteile zum Erscheinungsbild von Polizeivollzugsbeamten erging Mitte 2014. Ein Bewerber für den gehobenen Polizeivollzugsdienst Nordrhein-Westfalen klagte vergebens gegen seine Ablehnung aufgrund seiner großflächigen, nicht von der Sommeruniform verdeckte Tätowierungen.[21] Der Bewerber trägt die Tätowierungen an seinen Unterarmen und erfüllt somit nicht die Voraussetzungen der Ziffer 3 b) Absatz 3 des Erlasses. Dieser regelt, dass ein Eignungsmangel durch Körperschmuck verneint werden kann, wenn dieser maximal die durchschnittliche Größe eines Handtellers hat. Des Weiteren ist der Dienstherr nicht verpflichtet, dem Bewerber als „milderes Mittel" das Tragen eines Uniformhemdes mit

---

[20] Landeseinheitliche Vorgaben zur Bewertung von Körperschmuck 403 - 26.00.07 A. Ziffer 1. 29. Mai 2013. Ministerium für Inneres und Kommunales NRW

[21] Oberverwaltungsgericht für das Land Nordrhein-Westfalen, Beschluss vom 26. September 2014 – 6 B 1064/14 –. Juris

langen Ärmeln aufzugeben.[22] Nach dem Oberverwaltungsgericht hat das Ministerium für Inneres und Kommunales des Landes Nordrhein- Westfalen die Grenzen seines Einschätzungsspielraums nicht überschritten und somit ist die Klage des Bewerbers zu Recht zurück gewiesen worden.

3 Fazit

Diese Hausarbeit beschäftigt sich allgemein mit dem äußeren Erscheinungsbild von Polizeibeamten, insbesonders mit der Problematik der Rechtslage. Es wurde dargelegt, dass Gerichte und Anordnungen des Dienstherrn in mancher Hinsicht unterschiedlich argumentieren und somit manch Erlass Rechtswidrig ist. Dies liegt mit an der allgemeinen Anschauung der Bevölkerung zu verschiedenen in den Jahren hervorgekommen Modeerscheinungen. Rückblickend möchte diese Hausarbeit einen kleinen Erklärungsversuch veräußern, wie aus Sicht der verschiedenen Gruppen ein gepflegtes und dienstgerechtes äußere Erscheinungsbild zu definieren ist.

Extreme Modeerscheinungen, wie auffällige Tätowierungen, ungepflegte Haar- und Barttracht oder auch außergewöhnlicher Schmuck ist meiner Meinung nach nicht dem Beruf eines Polizeivollzugsbeamten, beziehungsweise mit Beamten generell vereinbar. Das Erscheinungsbild sollte auch abhängig von den Anschauungen der Bevölkerung geregelt werden, sodass Jugendlich, wie auch Senioren vertrauen zu einem Polizeibeamten aufbauen können und ihm den angebrachten Respekt zollen können oder aber seine Autorität akzeptieren. Das äußere Erscheinungsbild ist ein elementarer Schlüssel um dies zu bezwecken.

---

[22] Oberverwaltungsgericht für das Land Nordrhein-Westfalen . a.a.O. Leitsatz 2

4 Quellenverzeichnis

B. M. de Paulo. Nonverbal behavior and self-presentation. Psychological Bulletin. 1992

Deutsche Polizei Zeitschrift der Gewerkschaft der Polizei. Nr. 2. Februar 2012.

Dienstkleidungsordnung der Polizei des Landes NRW. RdErl. d. Ministeriums für Inneres und Kommunales - 405 / 401 - 63.01.01. 21. Januar 2014

Erich Fromm. Haben oder Sein. 2001.

Erscheinungsbild der Polizeivollzugskräfte der Bundespolizei Az. B II 1 – 652 100/120. 12. Mai 2006

Ministerium für Inneres und Kommunales NRW. Landeseinheitliche Vorgaben zur Bewertung von Körperschmuck 403 - 26.00.07 A. 29. Mai 2013.

Planet Wissen. http://www.polizeiuniform.de/html/vorwort.html . aufgerufen am 25.03.2015

RP Online. http://www.rp-online.de/leben/beruf/was-ihre-aeussere-erscheinung-ueber-ihre-persoenlickeit-aussagt-aid-1.2419870 . aufgerufen am 25.03.2015

Uniform der Deutschen Polizei. http://www.polizeiuniform.de/html/vorwort.html

Metzler-Müller, Rieger, Seeck & Zentrgraf. 2012. Beamtenstatusgesetz Kommentar.

5 Rechtsprechungsverzeichnis

BVerfG. Kammerbeschluss vom 10. Januar 1999 – 2 BvR 550/90 –. Juris.

BVerwG. Urteil vom 13. Dezember 2000 – 1 D 34/98 –. Juris.

BVerwG. Urteil vom 02. März 2006 - 2 C 3.05.

Oberverwaltungsgericht für das Land Nordrhein-Westfalen, Beschluss vom 26. September 2014 – 6 B 1064/14 –. Juris.

VG Hamburg. Urteil vom 26. September. 2012 – 20 K 3364/10 –. Juris.

BEI GRIN MACHT SICH IHR WISSEN BEZAHLT

- Wir veröffentlichen Ihre Hausarbeit, Bachelor- und Masterarbeit

- Ihr eigenes eBook und Buch - weltweit in allen wichtigen Shops

- Verdienen Sie an jedem Verkauf

Jetzt bei www.GRIN.com hochladen und kostenlos publizieren